Andrea Behnke

Autobiografisches Schreiben kreativ

Mit vielfältigen Methoden Schreibprozesse anregen

Auer Verlag

Die Autorin:

Andrea Behnke hat Politikwissenschaft, Publizistik und Anglistik studiert und ein Zusatzstudium zur Schreibberaterin absolviert. Nach einigen Jahren Festanstellung arbeitet sie seit Ende 1999 als freie Journalistin und Autorin, unter anderem für Bildungsmedien. Besuchen Sie die Autorin doch auch auf ihrer Website www.andreabehnke.de.

Gedruckt auf umweltbewusst gefertigtem, chlorfrei gebleichtem
und alterungsbeständigem Papier.

1. Auflage 2013
Nach den seit 2006 amtlich gültigen Regelungen der Rechtschreibung

Illustrationen: Steffen Jähde, Stefanie Aufmuth, Julia Flasche, Stefan Lohr, Bettina Weyland, Georg Wieborg
Umschlagsfoto: © olesiabilkei/Fotolia.com
Satz: Fotosatz H. Buck, Kumhausen
Druck und Bindung: Franz X. Stückle Druck und Verlag, Ettenheim
ISBN 978-3-403-**07145**-7

www.auer-verlag.de

Geschichten, die das Leben schreibt: In der Tat ist das eigene Leben, die eigene Biografie, ein Fundus für Geschichten. Genau hier setzt das autobiografische Schreiben an: Wahre Ereignisse fließen mit kreativen Methoden in Poesie und Prosa. Gerade Kinder und Jugendliche finden so einen neuen Zugang zum Schreiben. Sie lernen, sich auszudrücken und spielerisch mit literarischen Genres umzugehen.

In diesem Band gibt es – passend zu verschiedenen Oberthemen – viele Anregungen, in den Schreibfluss zu kommen und Erlebtes literarisch aufzuarbeiten. Im Vordergrund steht die Vielseitigkeit, zu jedem Thema findet man ganz verschiedene Schreibansätze. Die meisten Seiten sind zum Kopieren für die Schülerhand gedacht. Lediglich jene Seiten, die mit „Hintergrund" überschrieben wurden, sind ausschließlich für Sie als Lehrperson.

Da Schreiben – ebenso wie Musizieren oder Zeichnen – Übung erfordert, kann jede Übung auch mehrmals durchgeführt werden, mit anderen autobiografischen Inhalten. Oft braucht es nur ein neues Schlüsselwort oder ein anderes Thema, um eine Übung abzuwandeln. Der Band bietet zum einen Impulse für ein großes Projekt zum autobiografischen Schreiben, zum anderen können die Übungen auch einzeln eingesetzt werden. Besondere Schreibmethoden (Brainwriting, Clustering und Freewriting) findet man auf Extra-Arbeitsblättern, die zusätzlich zu den Übungsblättern verteilt werden können.

Wichtig ist es, beim Schreiben eine angstfreie Atmosphäre zu schaffen. Denn Schreiben bedeutet stets, einen Einblick ins Innere zu geben, sich zu öffnen. Und wenn es um persönliche Themen geht, gilt das umso mehr. Daher sollte man niemanden zum Vorlesen zwingen. Sollte ein Thema einer Schülerin oder einem Schüler unangenehm sein, darf sie oder er es auch wechseln. Autobiografisches Schreiben ist keine Therapie; niemand sollte dabei über seine Grenzen hinausgehen.

Je nach Biografie kann es einigen Schülerinnen und Schülern schwerfallen, in der Ich-Perspektive zu schreiben. Wenn das der Fall ist, sollte man immer sofort eine Verfremdung anbieten: Die Schülerin oder der Schüler wählt dann eine erfundene Figur, aus deren Sicht erzählt wird.

Manche Schülerinnen und Schüler haben trotz kreativer Ansätze Schreibhemmungen. Eine gute Möglichkeit, damit umzugehen: Sie dürfen – schriftlich – übers Schreiben schimpfen. Sie verleihen dann zunächst ihrer Schreibblockade Worte, die sie zu Papier bringen. Auch das ist autobiografisches Schreiben.

Viele Schreibimpulse wünscht

Andrea Behnke

Schreiben ist wie Pizza backen – Merkblatt: Der Schreibprozess

Gut geplant ist halb gewonnen – das gilt auch für das Schreiben. Gute Texte purzeln nicht aus dem Computer. Vielmehr kann man sie mit einer Pizza vergleichen, bei der du erst den Teig knetest und ausrollst, dann das Gemüse schnippelst und die Pizza belegst. Und das dauert natürlich. Schritt für Schritt, Zutat für Zutat, kommst du deinem Ziel näher. Vielleicht backst du nach Rezept. Und vielleicht veränderst du das Rezept noch hier und da. Eine Pizza Vegetaria mit vielen Gemüsesorten zu zaubern, dauert natürlich länger als eine einfache Margherita. Damit die Pizza richtig lecker wird, braucht es Zeit. Auch Schreiben ist ein Prozess, auf den man sich einlassen muss.

✔ Schritt 1: Planen

Am Anfang steht die Idee: Oftmals beginnt der Schreibprozess im Kopf oder im Bauch – wir haben einen Gedanken. Ein kleines Notizbuch, das du überall hin mitnehmen kannst, hilft, dass kein Einfall verloren geht. Die besten Impulse kommen oft sogar nachts. Es folgt – je nach Text – eine Phase, in der du Informationen suchst, recherchierst oder viel nachdenkst. In dieser Phase wird dein Textprojekt für dich greifbarer. Ebenso wie man für den Pizzateig ein Rezept braucht, benötigst du auch für deinen Text einen Plan.

✔ Schritt 2: Strukturieren

Du sichtest dein Material, machst dir Gedanken, wie dein Text Form annehmen könnte, das Konzept wird klarer. Du entscheidest, was für deinen Text wichtig ist und was nicht. Kurzum: Du erstellst eine Gliederung, die ein Gerüst für deinen Text darstellt. Ähnlich wie beim Pizza backen: Da wählst du ebenfalls die Zutaten aus. Du entscheidest, welches Gemüse bzw. welche Wurst oder welchen Fisch du auf den Teig legen möchtest.

✔ Schritt 3: Rohtext schreiben

Jetzt folgt das Schreiben. Alles, was du dir bisher zu deinem Thema erarbeitet hast, wandert nun in den Text. Du füllst also die Gliederung mit Inhalt. Natürlich kannst du auch noch etwas ändern. Du kannst einzelne Textpassagen umstellen. Doch spätestens jetzt weißt du, was du mit deinem Text erreichen willst; du wirst dir klar über die genauen Inhalte. Oftmals helfen kreative Schreibtechniken, in den richtigen Schreibfluss zu kommen. Schreibe ruhig so, wie du sprichst; vergiss in dieser Phase für einen Moment dein späteres Publikum. Wichtig ist, dass du etwas zu Papier bringst. Der Rohtext ist der Pizzateig – belegt wird erst im Anschluss.

✔ Schritt 4: Redigieren

Hier kommt der Text auf den Prüfstand, es geht an die Feinheiten – den Pizzabelag und den Käse. Spätestens in dieser Phase kommt auch dein Publikum ins Spiel: Wer sind deine Leserinnen und Leser? Lies das Geschriebene jetzt mit den Augen deiner Zielgruppe. Wo spricht das Geschriebene deine Leserschaft an – was muss geändert werden? Oder um im Bild der Pizza zu bleiben: Was schmeckt deinen Gästen? Am Rohtext wird gefeilt, bis er stimmig ist. Dabei überprüfst du zum Beispiel den Aufbau und die Logik, Lesefreundlichkeit und Verständlichkeit, Satzbau und Wortwahl. Spätestens in dieser Phase ist es gut, sich Feedback einzuholen. Lass jemanden vorkosten.

✔ Schritt 5: Korrigieren

Im Grunde ist dein Text fertig. Jetzt geht es nur noch dem Fehlerteufel an den Kragen. Das heißt: Rechtschreib- und Grammatikfehler, Fehler in der Zeichensetzung und Tippfehler sollten verbannt werden. Am besten ist es, wenn du den Text noch einmal gegenlesen lässt. Musst du noch nachwürzen, bevor die Pizza in den Ofen kann?

Dieser Ablauf ist der optimale. Doch in der Praxis sieht es natürlich oft so aus, dass man zum Beispiel in der Rohtext-Phase merkt, dass die Gliederung noch angepasst werden muss. Wichtig ist es, dass du gerade für die Redaktion des Textes, also für die Überarbeitung, ausreichend Zeit einplanst. Denn keiner schreibt sofort druckreif. Es kommt darauf an, zunächst etwas aufs Papier zu bringen. Überarbeiten kannst du dann immer noch.

Hintergrund: Schreibmethoden

Schreiben ist für Kinder und Jugendliche oft mit Erwartungsdruck verbunden. Viele Schülerinnen und Schüler meinen, dass das, was sie zu Papier bringen, „perfekt" sein müsse. Daher sehen viele von ihnen im Schreiben weniger Kunst (wie Malen oder Musik machen) als Pflicht oder Mittel zum Zweck.

Das kreative Schreiben kann diesen Druck nehmen. Ein spielerischer Zugang zum Schreiben vermittelt Spaß an dieser Form des Ausdrucks. Im Folgenden werden drei Schreibmethoden vorgestellt, die – auch wenn es nicht extra angegeben wird – ergänzend zu jeder anderen Übung aus diesem Band angewendet werden können: Die Methoden sind das Brainstorming/Brainwriting, das freie oder automatische Schreiben (Freewriting) und die Wörter-Sonne (im Fachjargon Clustering genannt). Diese Methoden können als Warm-up anderen Schreibaufgaben vorangestellt werden. Es sind assoziative Übungen, die die Hand lockern, Schreibhürden überspringen lassen und für eine Fülle an Ideen sorgen.

Die Ergebnisse dieser „Vor-Übungen" sollten in der Regel nicht vorgelesen werden müssen. Denn das hemmt die Kreativität. Wichtiger ist es, die Schülerinnen und Schüler zu ermuntern, ganz frei zu arbeiten. Denn nur dann, wenn die Gedanken ungefiltert fließen dürfen, kann ein kreativer Prozess entstehen. Die Schülerinnen und Schüler müssen sich bei dem, was sie tun, geschützt fühlen.

Denn schließlich ist kreatives Schreiben – und vor allem das autobiografische Schreiben – etwas sehr Persönliches. Damit muss behutsam und einfühlsam umgegangen werden.

Beim Brainstorming und beim Clustering kann auch mit Bildern gearbeitet werden: Als Vorstufe zum Schreiben können die Schülerinnen und Schüler auch malen oder aber Fotos aus Zeitungen und Zeitschriften ausschneiden und aufkleben. Dieser Zwischenschritt kann für Kinder, die nicht sehr schreiberfahren sind, hilfreich sein. Außerdem geben solche Fotos und Bilder wiederum neue Schreibimpulse.

Der Sturm im Gehirn (Brainstorming/Brainwriting) – Merkblatt: Frei-Schreib-Methode 1

So geht's:

Nimm ein Blatt Papier (Hochformat), möglichst DIN A4, und schreibe dein Schreibthema oder einen Schlüsselbegriff oben in die Mitte. Dann lasse deinen Gedanken freien Lauf und notiere alle Begriffe und Kurzsätze, die dir dazu einfallen, untereinander. So lange, bis du nicht mehr spontan bist, sondern anfängst zu grübeln. Brainstorming/Brainwriting funktioniert sowohl in einer (kleinen) Gruppe als auch alleine.

Wichtig:

Zensiere nicht! Alles, was dir spontan in den Sinn kommt, ist wichtig und richtig. Daher ist es auch am besten, beim Brainstorming schnell zu schreiben.

Und das bringt es:

Mit Brainstorming kommst du mit deinem Thema in Kontakt. Wenn es „im Gehirn stürmt", sprudeln oft die besten Ideen.

Wenn du gar nicht weiterweißt, hilft oft „Schreiben in Serie":

Dafür nimmst du einen einfachen Satzanfang (zum Beispiel „Damals auf der Klassenfahrt ..." oder „Ich erinnere mich an ..."). Diesen Anfang schreibst du zehnmal untereinander. Dann ergänzt du den Satz schnell, ohne nachzudenken. Auch das setzt Fantasie frei. Diese Methode heißt serielles Schreiben. Sie fällt beim ersten Mal noch ein wenig schwer. Doch Übung macht auch hier den Meister.

Automatisches Schreiben (Freewriting) – Merkblatt: Frei-Schreib-Methode 2

So geht's:

Nimm zwei Blätter Papier (DIN A4 oder A5) und einen Stift. Stelle dir ein Thema (oder nimm ein Bild oder ein Wort als Impuls) – und fange an zu schreiben. Ohne nachzudenken schreibst du zehn Minuten am Stück. Anfangs reichen auch fünf Minuten. Schreibe ohne Pause, das heißt: Setze den Stift nicht ab. Sollte dir nichts mehr einfallen, dann wiederholst du das letzte Wort, das du geschrieben hast – und zwar so lange, bis die Sätze wieder fließen. Sollten dir störende Gedanken, die nichts mit dem Schreiben zu tun haben, durch den Kopf schießen, dann notiere diese auf dem zweiten Blatt. Einmal aufgeschrieben, kannst du sie getrost vergessen.

Wichtig:

Lies während des Freewritings nicht, was du schon geschrieben hast. Das Geschriebene ist nur für dich allein, daher ist es auch egal, ob Fehler in dem Text sind. Korrigiere nichts, auch keine Rechtschreibfehler. Darauf kommt es jetzt nicht an. Schreibe wirklich „nur nach vorne". Solltest du Probleme damit haben, deine „Schere im Kopf" zu überlisten, dann wechsle einfach mal die Schreibhand. Schreibt eine Rechtshänderin, ein Rechtshänder mit links oder umgekehrt, ist fürs zielgerichtete Denken nicht mehr viel Platz.

Und das bringt es:

Diese Methode setzt Kreativität frei und hilft, Schreibblockaden zu überwinden. Sie zeigt, wie viel (Roh-)Text man „produziert", wenn man nicht über das Schreiben grübelt, sondern einfach schreibt. Viele sind überrascht von der Fülle an Textpassagen, die hinterher tatsächlich brauchbar sind.

Die Übung in abgewandelter Form:

Du startest nicht bei null – also nicht ohne Vorbereitung –, sondern stimmst dich durch Recherche, Lesen o. Ä. auf dein Thema ein. Dann schreibst du wiederum zehn Minuten völlig unbekümmert alles auf, was dir zu diesem Thema einfällt.

Die Wörter-Sonne – Merkblatt: Frei-Schreib-Methode 3

So geht's:

Nimm ein Blatt Papier (DIN A4) und schreibe deinen Schlüsselbegriff in die Mitte. Ziehe einen Kreis darum. Dann lasse dich einfach treiben. Schreibe deine Einfälle wie Sonnenstrahlen rund um den Begriff. Jedes neue Wort (also jeden Gedanken, jedes Gefühl oder auch jeden Satz ...) verbindest du mit dem letzten – und zwar so lange, bis dir zu diesem Strang nichts mehr einfällt. Dann wendest du dich wieder dem Kern zu und startest erneut. So entsteht eine Sonne mit vielen Wörter-Strahlen.

Wichtig:

Nichts durchstreichen – alles ist in Ordnung! Bei der Wörter-Sonne gibt es kein „richtig" oder „falsch"; alles ist erlaubt und bringt dich weiter. Strenge dich nicht an – diese Übung darf nicht zu Stress führen. Höre auf, sobald du deinen Kopf einschaltest.

Und das bringt es:

Diese Technik hilft dir, Einfälle und Ideen zu ordnen, zu sortieren und zu strukturieren. Anhand dieser Struktur findest du oft einen Anfang für deinen Text. Markiere zum Beispiel wichtige Worte, die dir sofort auffallen. Lasse das „Gemälde" auf dich wirken und fange an zu schreiben – ohne großes Nachdenken. Häufig entstehen so Bilder, die du in deinen Texten verwenden kannst.

Du kannst auch aus einem Wort der Wörter-Sonne, das dir gefällt und das dich weiterbringt, eine weitere Wörter-Sonne erstellen. So wird deine Ideen-Sammlung noch größer.

In der Fachsprache nennt man die Wörter-Sonne auch Clustering, abgeleitet vom englischen Wort „cluster" = „Klumpen, Anhäufung".

Beispiel für ein Cluster zum Thema „Zeit“:

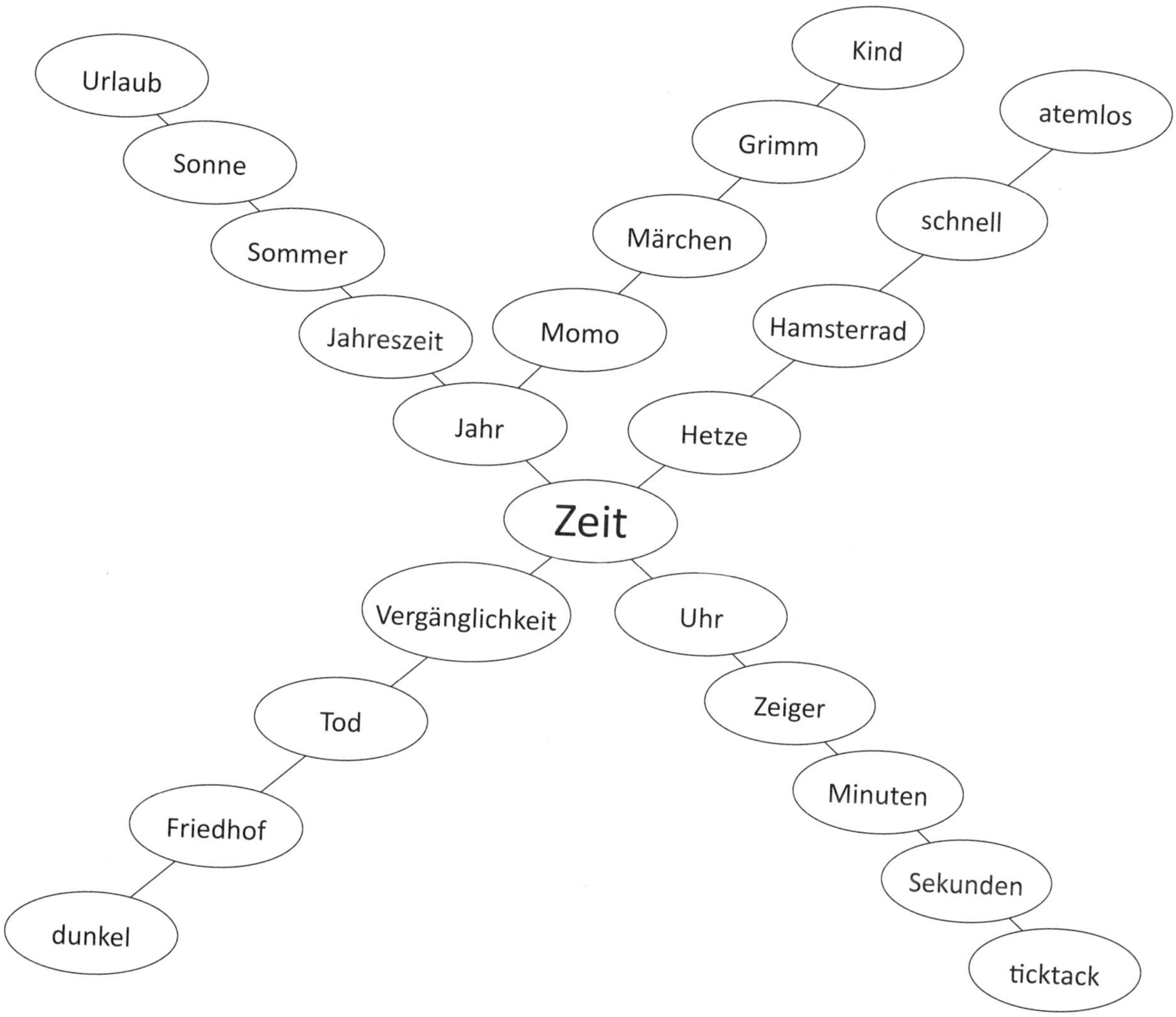

Kreativ-Aufgabe

Erstelle selbst ein Cluster zum Thema „Schreiben“.

Gedichte mit deinem Namen

Impuls

Dein Name ist wertvoll, so wertvoll, dass du aus ihm ein Gedicht machen kannst. Das geht so: Schreibe die Buchstaben deines Namens untereinander. Ergänze dann jeden Buchstaben so, dass ein Wort entsteht. Das nennt man Akrostichon.

Ein solches Gedicht zum Namen „Andrea" könnte so aussehen:

A nders

N eugierig

D urstig

R ealistisch

E hrgeizig

A benteuerlustig

Es müssen keine Eigenschaften (Adjektive) ergänzt werden: Alles ist erlaubt. Man sollte einfach die Begriffe notieren, die einem spontan einfallen – das können zum Beispiel auch Tiere, Pflanzen, Gegenstände oder Handlungen (Verben) sein.

Schreib-Aufgabe

Mache aus deinem Namen ein Gedicht.

Du kannst auch mehrere solcher Gedichte anfertigen oder, vor allem bei kurzen Vornamen, deinen Nachnamen hinzunehmen. Denke nicht zu viel nach, sondern lege einfach los.

Du wirst erstaunt sein, zu welchen kleinen Texten du so kommst!

Eine weitere Möglichkeit, kleine poetische Texte zum eigenen Namen zu schreiben, ist, die Buchstaben des Namens nicht nur mit einem Wort, sondern mit Sätzen oder Satzteilen (also mit Satzfragmenten) zu vervollständigen.

Ein solches Gedicht zum Namen „Andrea“ könnte so aussehen:

A lle laufen los.

N ur eine nicht.

D ie bleibt stehen.

R uhig.

E inen Augenblick warten.

A nfangen, danach, hoffentlich.

Schreib-Aufgabe

Schreibe ein Gedicht mit deinem Namen, indem du die Buchstaben um Satzteile oder Sätze ergänzt. Auch hier gilt: Nicht zu viel nachdenken, sondern losschreiben.

Namensgeschichte

Impuls

Hinter jedem Namen steckt eine Geschichte. Namen haben eine Bedeutung. Eltern haben sich Gedanken gemacht, wie sie ihr Kind nennen. Vornamen können außergewöhnlich oder gerade in Mode sein. Manche Namen muss man buchstabieren, weil sie sonst immer falsch geschrieben werden. Namen haben einen ganz besonderen Klang, der sofort Bilder im Kopf entstehen lässt.

Denk-Aufgabe

Überlege einmal, was du mit deinem Namen verbindest. Gefällt er dir? Warum oder warum nicht? Wie hört er sich an? Wenn dein Name etwas zu essen wäre, wonach würde er schmecken?

Mache ein Brainstorming und notiere in Stichworten alles, was dir zu deinem Namen einfällt.

Wenn du deinem Namen eine Farbe geben müsstest, welche Farbe wäre das?

Male die Farbe hierhin:

Schreib-Aufgabe

Schreibe eine kleine Geschichte zu deinem Namen. Vielleicht ist dir sogar etwas Interessantes oder Lustiges mit deinem Namen passiert. Vielleicht hättest du auch gerne einen anderen Namen.

„Ich heiße ______________________________"

Fundstücke

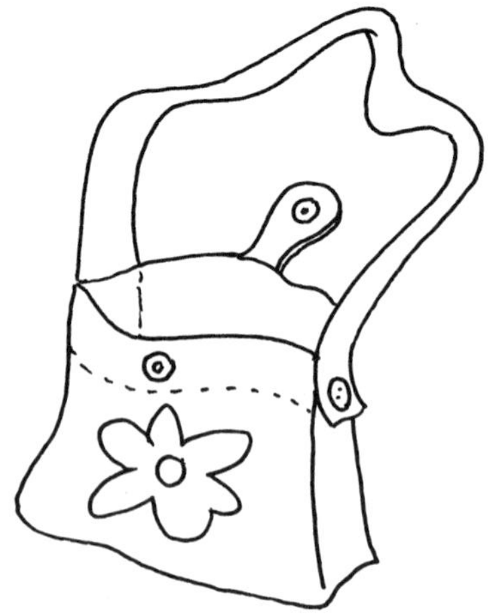

Impuls

In jeder Tasche sind Fundstücke. Schaue einmal in deine Tasche oder in deinen Rucksack. Welcher Gegenstand springt dir sofort ins Auge? Nimm ihn heraus, sieh ihn dir genau an und berühre ihn. Dann schließe kurz die Augen. Du siehst dich und den Gegenstand nun vor deinem inneren Auge. Erinnere dich, wie du zu dem Gegenstand gekommen bist. Dann öffne die Augen wieder.

Schreib-Aufgabe

Beschreibe den Gegenstand zunächst. Wie sieht der Gegenstand aus?

Der Gegenstand und du, ihr habt eine gemeinsame Geschichte. Welche?
Wie ist der Gegenstand zu dir gekommen?

Was verbindet dich mit dem Gegenstand?

Was erlebst du mit dem Gegenstand? Wofür brauchst du ihn?

Magst du den Gegenstand?

Könntest du ihn wegwerfen oder möchtest du ihn auf jeden Fall behalten?

Perspektivwechsel: Der Gegenstand spricht

Wenn dieser Gegenstand sprechen könnte, was würde er über dich sagen?

Schreib-Aufgabe

Schreibe einen Text aus der Sicht des Gegenstandes. Das nennt man Perspektivwechsel.

Wie findet der Gegenstand sein Leben mit dir?

Wie erlebt er dich?

Beginne mit dem Satz:

Ich bin der/die ____________________ von ____________________ .

Wenn ich ein Tier wäre

Impuls

Es gibt unendlich viele Tiere: große und kleine Tiere, laute und leise, wilde und zahme. Manche kriechen, andere hüpfen, rennen oder schwimmen. Die einen Tiere können gut klettern, die anderen gut singen, wieder andere gut hören. Manche gehen auf Jagd. Manche werden erst in der Nacht wach, andere halten Winterschlaf oder fliegen während der kalten Jahreszeit in den Süden.

Denk-Aufgabe

Sammelt in der Gruppe so viele verschiedene Tiere wie möglich und schreibt sie auf ein großes Blatt Papier.

Danach überlege einmal: Wenn du ein Tier wärst, welches Tier wärst du dann?

Ich wäre ______________________________

Kreativ-Aufgabe

Male das Tier hierhin:

Kreativ-Aufgabe

Fertige eine Wörter-Sonne zu diesem Tier an.

Nimm einen Textmarker oder einen farbigen Stift und markiere die Begriffe in der Wörter-Sonne, die dich besonders ansprechen. Schreibe diese Worte auf, damit du sie gleich beim Schreiben im Blick hast:

- ______________________________
- ______________________________
- ______________________________
- ______________________________
- ______________________________
- ______________________________

Schreib-Aufgabe

Schreibe einen Text über das Tier, das du bist. Was macht das Tier aus? Was ist das Besondere an dem Tier? Versuche, die markierten Worte aus deiner Wörter-Sonne einzubauen.

Schreibe in der Ich-Form. Versetze dich richtig in das Tier und seine Gefühle hinein. Beginne deinen Text mit:

Ich bin ein/e ______________________________ .

Der Stammbaum

Impuls

Wisst ihr, was ein Stammbaum ist? Mit einem Stammbaum können Familien und die Familienbeziehungen dargestellt werden. Ganz einfach gesagt: Unten, am Stamm, findet man die ältesten Mitglieder einer Familie (zum Beispiel die Großeltern oder die Urgroßeltern) – oben, in der Baumkrone, die jüngsten. Im Baumwipfel seid also ihr, die Enkel oder Urenkel. Ein Baum ist ein schönes Bild für eine Familie.

Kreativ-Aufgabe

Überlege einmal, wer alles zu deiner Familie gehört.

Male die Namen in diesen Baum hinein.

Schreib-Aufgabe

Beschreibe deinen Familienbaum. Wie sieht er aus? Ist es eine alte, große Eiche? Ist es ein Obstbaum, etwa ein Kirschbaum? Blüht er? Hat er Blätter? Welche Farbe haben die Blätter? In welcher Jahreszeit siehst du ihn vor dir? Ist er schneebedeckt? Biegen sich seine Äste im Wind? Oder erstrahlt er im Sonnenlicht? Wo wächst dein Familienbaum?

Mein Familienbaum ist ...

____

____

____

____

____

____

Nun schreibe den Text aus der Sicht des Baumes. Was fühlt der Baum? Wie geht es ihm? Schreibe nicht in vollständigen Sätzen, sondern finde Schlagworte, die aus dem Baum herauswachsen. Spiele ein wenig mit den Worten. Probiere auf einem Blatt Papier, sie umzustellen – so lange, bis du tatsächlich die Stimme des Baumes gefunden hast.

Ich, der Familienbaum von ______________________________

____

____

____

____

____

____

____

____

____

____

____

____

Meine Familie als Haus

Kreativ-Aufgabe

Stelle dir einmal vor, deine Familie wäre ein Haus mit Zimmern, vielleicht sogar mit einem Garten samt Gartenhäuschen oder einem Balkon. Jedes Mitglied der Familie ist ein Teil des Hauses. Was wärst du? Was wären die anderen Familienmitglieder?

Zeichne das Haus hierhin und platziere deine Familie hinein.

Schreib-Aufgabe

Schreibe nun einen Text über dein Familienhaus. Nimm dir erst ein Blatt und mache fünf Minuten automatisches Schreiben.

Ich als kleines Kind

Kreativ-Aufgabe

Bringe ein Foto von dir als kleines Kind mit. Klebe es in den Bilderrahmen in die Mitte des Blattes. Versetze dich in die Zeit von damals und schließe die Augen. Du bist wieder dieses kleine Kind. Wenn du die Augen öffnest, schreibe spontan alles rund um das Foto, was dir einfällt.

Schreib-Aufgabe

Erinnere dich an die Zeit, als du ganz klein warst. Du bist ein Kind im Kindergarten oder ein Kind, das seinen dritten Geburtstag feiert. Schreibe in ganzen Sätzen und beginne jeden Satz mit „Ich erinnere mich daran, dass …“. Versuche, nicht allzu viel nachzudenken, sondern bringe einfach zu Papier, was dir in den Kopf kommt. Das nennt man übrigens „serielles Schreiben“.

Ich erinnere mich daran, dass ______________________________

____

Ich erinnere mich daran, dass ______________________________

____

Ich erinnere mich daran, dass ______________________________

____

Ich erinnere mich daran, dass ______________________________

____

Ich erinnere mich daran, dass ______________________________

____

Ich erinnere mich daran, dass ______________________________

____

Ich erinnere mich daran, dass ______________________________

____

Ich erinnere mich daran, dass ______________________________

____

Ich erinnere mich daran, dass ______________________________

____

Ich erinnere mich daran, dass ______________________________

____

Welches sind die wichtigsten Worte, die dir in den oben stehenden Sätzen sofort ins Auge fallen? Wähle eines aus und mache um dieses Wort eine Wörter-Sonne. Schreibe eine kleine Geschichte aus deiner Kindheit auf einem gesonderten Blatt Papier.

Mein Lieblingsspielzeug

Erinnerst du dich noch an dein liebstes Spielzeug aus deiner Kindheit? War es vielleicht eine Puppe oder ein Kuscheltier, ein Auto oder ein Holzspielzeug? Welches Spielzeug fällt dir sofort ein? Wer hat es dir geschenkt?

Kreativ-Aufgabe

Male das Spielzeug auf. Anschließend lasse das Bild auf dich wirken.

Schreib-Aufgabe

Wenn dein Lieblingsspielzeug sprechen könnte: Was würde es über dich erzählen? Wie warst du, als du mit dem Spielzeug gespielt hast? Was habt ihr erlebt?

Ich als Buchautorin oder Buchautor

Impuls

Das wäre doch was: Du wirst Autorin oder Autor und schreibst ein Buch über dein bisheriges Leben, eine Autobiografie also.

Denk-Aufgabe

Wie würde dein Buch heißen? Überlege dir einen Titel und schreibe ihn auf den Buchdeckel.

Schreib-Aufgabe

Jedes Buch hat einen sogenannten Klappentext. So heißt der Text, den man auf dem Buchumschlag findet – also hinten auf dem Buch. Ein Klappentext enthält zumeist eine Inhaltsangabe. Diese verrät aber nur so viel, dass mögliche Käuferinnen oder Käufer neugierig werden. Der Text bietet einen Leseanreiz. Verfasse einen solchen Klappentext für dein Buch. Schreibe den Text auf den Buchumschlag.

Das Interview mit dir als Autorin oder Autor

Berühmte Autorinnen und Autoren werden natürlich interviewt, zum Beispiel von Zeitungs- oder Zeitschriftenjournalistinnen und -journalisten. Überlege dir eine Reporterfigur, die dich interviewen könnte. Und dann interviewe dich selbst. Die Reporterfigur stellt also die Fragen, die du als Schriftstellerin oder Schriftsteller deines „Lebensbuches" beantwortest.

Schreib-Aufgabe

Reporter/in: ______________________________

____

Schriftsteller/in: ______________________________

____

Reporter/in: ______________________________

____

Schriftsteller/in: ______________________________

____

Reporter/in: ______________________________

____

Schriftsteller/in: ______________________________

____

Reporter/in: ______________________________

____

Schriftsteller/in: ______________________________

____

Reporter/in: ______________________________

____

Schriftsteller/in: ______________________________

____

Wie könnte die Überschrift zu dem Interview lauten?

____

Ein Buchkapitel

Denk-Aufgabe

Jedes Buch hat mehrere Kapitel – dein Lebensbuch natürlich auch. Wähle nun ein Thema für ein Kapitel. Es sollte aus dem breiten Themenbereich „Kindheit und Familie“ stammen. Versuche, ein ganz konkretes Thema zu finden, also nicht „Meine Eltern“, sondern „Als ich mit Mama und Papa an der Nordsee im Urlaub war“. Und nicht „Mein Bruder“, sondern „Wie ich mich mit meinem Bruder um die Eisenbahn stritt und sie dabei kaputtging“.

Notiere deine Einfälle:

____

____

____

____

Schreib-Aufgabe

Schreibe nun das Kapitel zu dem Thema, das du dir ausgesucht hast.

____

____

____

____

____

____

____

____

____

____

____

____

____

____

____

Was ist Heimat?

Impuls

„Nicht da ist man daheim,
wo man seinen Wohnsitz hat,
sondern wo man verstanden wird."
(Christian Morgenstern, deutscher Dichter)

„Home is where the heart is."
(Elvis Presley, amerikanischer Rock 'n' Roll-Star)

„Heimat ist da,
wo man sich nicht erklären muss."
(Johann Gottfried von Herder, deutscher Dichter und Philosoph)

„Alle diese vortrefflichen Menschen,
zu denen Sie nun ein angenehmes
Verhältnis haben, das ist es,
was ich eine Heimat nenne,
zu der man immer gerne
wieder zurückkehrt"
(Johann Wolfgang von Goethe, deutscher Dichter und Schriftsteller)

Schreib-Aufgabe

Erfinde auch solche Sprüche wie oben. Lasse sie immer mit „Heimat ist ..." beginnen.

Heimat ist ______________________________

____

Heimat ist ______________________________

____

Heimat ist ______________________________

____

Heimat ist ______________________________

____

Heimat ist ______________________________

____

Heimat-Abcdarium

Impuls

Manchmal muss man Gehirn und Hände ein wenig überlisten – nämlich dann, wenn einfach keine Buchstaben aufs Papier wollen. Das geht gut mit spielerischen Methoden, zum Beispiel mit einem Abcdarium. Was ist das ist? Dein ganz persönliches Alphabet! Dazu schreibst du alle Buchstaben des Abc untereinander und ergänzt sie anschließend, sodass Worte entstehen.

Schreib-Aufgabe

In diesem Fall geht es um Worte, die du mit Heimat verbindest. Es können auch ganz abwegige Verbindungen zum Begriff Heimat sein. Zensiere dich nicht, schreibe auf, was dir einfällt.

A	N
B	O
C	P
D	Q
E	R
F	S
G	T
H	U
I	V
J	W
K	X
L	Y
M	Z

Welche Begriffe fallen dir sofort ins Auge? Welche gefallen dir besonders gut?

Heimat-Gedichte

Impuls

Lyrik hat nichts mit Kitsch zu tun. Poesie ist eine Form, in die jeder Inhalt passt. Gedichte bringen Gefühle auf den Punkt, positive wie negative.

Vergleiche und Metaphern spielen in Gedichten eine große Rolle. Eine Metapher ist ein bildlicher Ausdruck für etwas Abstraktes – die Metapher wird im übertragenen Sinn gebraucht. Sie ist noch stärker als ein Vergleich: „Wenn ich wütend bin, werde ich zum Löwen" ist noch bildhafter als „Wenn ich wütend bin, bin ich wie ein Löwe."

Beispiele für Metaphern: Wenn jemand den Nagel auf den Kopf trifft, braucht er keinen Hammer – vielmehr ist gemeint, dass er eine Sache auf den Punkt bringt. Oder wenn jemand einem das Herz bricht, hat er natürlich nicht das Herz in der Hand – er hat eine Person unglücklich gemacht.

Diese Metaphern sind längst Bestandteile unserer Alltagssprache geworden. In Gedichten findet man aber auch ganz neue, einzigartige Metaphern und Vergleiche.

Denk-Aufgabe

Überlege dir treffende Metaphern und Vergleiche für den Ort, an dem du im Moment lebst. Das kann die Stadt sein, der Stadtteil, die Straße oder das Haus. Dazu überlege dir zunächst die Eigenschaften des Ortes, bevor du Metaphern entstehen lässt. Nutze dafür den Metaphern-Bauplan.

Ein Beispiel: Ein Hochhaus ist grau und aus Beton. Eine passende Metapher könnte „Betonburg" sein oder „Altpapierkarton". Merkt ihr? Jede Metapher produziert andere Bilder im Kopf.

Metaphern sind zentrale Worte in Gedichten. Oft werden gerade abstrakte Dinge – wie Liebe, Hass, Einsamkeit, Treue, Schicksal – in Metaphern verpackt, damit sie greif- und fühlbarer werden.

Metaphern-Bauplan

Begriff	***Eigenschaften***	***Metapher***
Beispiel: Hochhaus	aus Beton, grau, hoch, anonym	Betonburg

Notiere hier noch einmal die Metaphern, die dir am besten gefallen:

___

___

___

Haiku

Suche dir nun eine Metapher aus, die dir ganz besonders gut gefällt. Diese Metapher, dieser Begriff, ist das Kernstück des Haikus, das du nun schreiben wirst. Ein Haiku ist ein japanisches Kurzgedicht.

Ein traditionelles Haiku hat nur drei Zeilen und diese Silbenfolge:

Die erste Zeile hat fünf Silben.
Die zweite Zeile hat sieben Silben.
Die dritte Zeile hat fünf Silben.

Zwei Beispiele:

Das Hochhaus
Grauer Betonturm
Eingesäumt von Dunkelheit
Lebe ich in dir

Mein Dorf
Spielzeugeisenbahn
Holzhäuser, Miniformat
Zu viel Niedlichkeit

Schreib-Aufgabe

Und jetzt du: Verfasse zwei Haikus zu deinem ganz persönlichen Ort. Um auf die richtige Silbenanzahl zu kommen, hilft es, die Silben zu klatschen. Dabei merkt man auch schnell, ob der Rhythmus des Haikus stimmt. Gib deinen Haikus jeweils eine passende kurze Überschrift.

Denk-Aufgabe

Welches Wort fällt dir ein, wenn du an Heimat denkst? Das ist dein Schlüsselwort. Schreibe es in dieses Oval:

Schreibe danach ganz schnell 20 Wörter hin, die dir zu deinem Schlüsselwort einfallen.

Nun hast du einen Fundus an Wörtern und Ideen zum Thema „Heimat“, aus dem du für weitere Texte schöpfen kannst.

Schneeball-Gedicht

Es gibt eine Gedichtform, die heißt Schneeball. Und sie heißt nicht nur so – sie sieht auch so aus. Die Zeilen werden zur Mitte des Gedichts hin immer länger, zentriert gesetzt bekommt das Gedicht „einen Bauch". Denn die Regel ist folgende:

In der ersten Zeile steht ein Wort.

In der zweiten Zeile stehen zwei Wörter.

In der dritten Zeile stehen drei Wörter.

In der vierten Zeile stehen vier Wörter.

In der fünften Zeile stehen fünf Wörter.

In der sechsten Zeilen stehen vier Wörter.

In der siebten Zeile stehen drei Wörter.

In der achten Zeile stehen zwei Wörter.

In der neunten Zeile steht ein Wort.

Ein Beispiel:

Wohnung

Zimmer

Im Zimmer

In der Etagenwohnung

Leben wir alle zusammen

Und doch oft nur nebeneinander

Leben wir alle nebeneinander

Zu wenig miteinander

Durch Mauern

getrennt

Denk-Aufgabe

Nimm noch einmal deine Wörtersammlung zum Thema Heimat zur Hand. Zu welchen Wörtern würdest du gerne ein Gedicht schreiben? Welche sprechen dich an?

Schreib-Aufgabe

Verfasse zwei Schneeballgedichte und schreibe sie in die Schneebälle hinein. Die Überschriften kannst du ganz zum Schluss über deine Gedichte stellen, das ist häufig einfacher. Mit der Form kannst du auch spielen – du kannst zum Beispiel die „runde Sache“ brechen, indem du die wichtigste Zeile neben die Kugel schreibst.

Schreiben mit allen Sinnen

Impuls

Beim Schreiben neigt man oft dazu zu be-schreiben. Das heißt: Man schreibt nur das, was man sieht. Der Sehsinn ist bei vielen Menschen sehr ausgeprägt. Doch wir haben viel mehr Sinne: den Hörsinn, den Geruchssinn, den Tastsinn und den Geschmackssinn. Ein Text wird im wahrsten Sinne des Wortes fühlbarer und erfahrbarer, wenn man alle Sinne einbaut.

Denk-Aufgabe

Gehe in Gedanken in dein Elternhaus, mittags oder nachmittags nach der Schule. Aktiviere deine Sinne. Ergänze stichwortartig die folgenden Fragen:

Wie riecht es in deinem Elternhaus?

____

____

____

____

Was hörst du, wenn du in dein Elternhaus kommst? Welche Geräusche sind im Haus/in der Wohnung, was dringt von außen zu dir?

____

____

____

____

Was berührst du als Erstes, wenn du hereinkommst? Läufst du barfuß auf einem Teppich oder auf kalten Fliesen? Fasst du einen Schrank, einen Tisch oder eine Tür an? Wie fühlt es sich an, an deinen Händen oder deinen Füßen?

____

____

____

____

Schreib-Aufgabe

Nun beschreibst du dein Elternhaus mit allen Sinnen. Den Geschmackssinn kannst du einbauen, indem du im Text etwas isst oder trinkst.

Beginne mit dem Satz „Ich schließe die Tür auf.“ Stimme dich zunächst fünf Minuten lang mit automatischem Schreiben auf einem gesonderten Blatt Papier ein.

Überlege dir nun ein Bild, das zu deinem Text passen könnte. Womit kann man dein Elternhaus/eure Wohnung vergleichen?

Nimm diesen Vergleich als Überschrift des Textes:

Mein Lieblingsessen

Impuls

Man sagt „Liebe geht durch den Magen“. Und tatsächlich ruft Essen oft schöne Erinnerungen wach. Jeder hat ein Gericht, das ihn an seine Kindheit erinnert. Das kann „Zwieback mit Zucker und Milch“ sein, ein Eintopf bei der Oma oder ein Essen, das es nur zu ganz besonderen Festtagen gab. Oder selbst gemachte Marmelade. Schließe die Augen und denke an die Zeit, als du noch klein warst, ein Kindergarten- oder Grundschulkind. Was hast du da besonders gerne gegessen? Lasse dir das Essen noch einmal in Gedanken auf der Zunge zergehen. Wie fühlte es sich an? Wie schmeckte es? Wie hast du diese besondere Speise gegessen, langsam oder schnell, mit den Fingern oder mit Besteck?

Schreib-Aufgabe

Nun schreibe eine Geschichte zu diesem Essen. Versuche dabei, alle Sinne einzubeziehen. Wie sah das Essen aus? Wie roch es? Wie schmeckte es? Wie ging es dir beim Essen? Wer hat es gekocht – hast du vielleicht sogar bei der Zubereitung geholfen? Gib der Geschichte auch eine Überschrift.

Meine vielen Stimmen

Impuls

In der Schule schlüpfst du immer in verschiedene Rollen: Du bist Schülerin oder Schüler und Freundin oder Freund. Der eine ist vielleicht ein Mathecrack, der andere mag Mathe gar nicht und fürchtet die nächste Arbeit. Die eine ist nach außen hin immer witzig, innen drin sieht es aber ganz anders aus.

Denk-Aufgabe

Stelle dir einmal all die Rollen vor, die du täglich in der Schule spielst. Gib all den Figuren, die du bist, Namen – es können Vornamen sein, die zu der Figur passen, oder aber Bezeichnungen wie „Die Schüchterne", „Der Clown" oder „Die Vokabelhasserin". Schreibe diese Namen/Bezeichnungen in die Figuren. Drumherum kannst du noch Stichworte schreiben, die dir zu den Figuren einfallen.

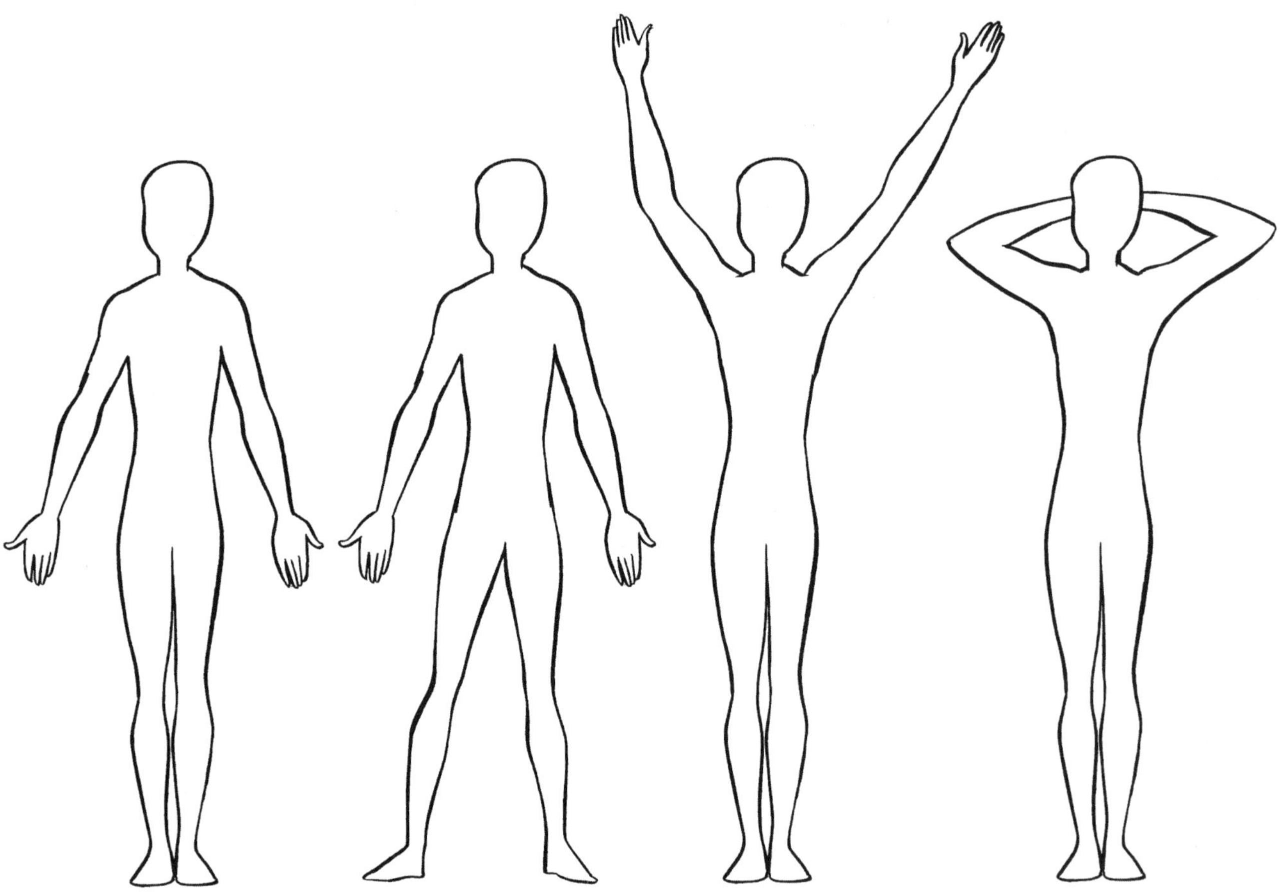

Schreib-Aufgabe

Überlege dir eine Situation, in der drei oder vier deiner inneren Figuren aufeinandertreffen könnten. Ein Beispiel: „Zoff auf dem Schulhof". Wähle etwas, was dir im Moment wichtig ist. Dann gib deinen Figuren eine Stimme – lasse sie miteinander sprechen. Wie sprechen sie? Welche Worte wählen sie?

Wenn sich beispielweise der „In-die-Zukunft-Denkende" (1), der „Zu-wenig-Lerner" (2) und der „Coole" (3) über eine Klassenarbeit unterhalten, könnte der Beginn so sein:

(1): Eine Drei brauch ich mindestens. Will ja mal einen guten Job finden.

(2): Immer nur lernen, lernen, lernen. Hey – ich bin noch jung. Da brauche ich auch mal Party.

(3): Was sind schon Noten, Leute. Bloß nichts anmerken lassen. Es soll doch keiner merken, dass ich Schiss habe vor der Arbeit.

Was sagen deine inneren Stimmen?

Innensicht und Außensicht

Impuls

Es ist immer ein Unterschied, wie man sich selbst sieht und wie andere einen wahrnehmen. Das nennt man Selbst- und Fremdwahrnehmung. Und dann gibt es noch eine weitere Ebene: Viele überlegen nämlich, was andere wohl über sie denken (ohne es wirklich zu wissen). Genau darum geht es nun: Wie fühle ich mich? Und was mögen andere über mich denken?

Denk-Aufgabe

Notiere in Stichworten, wie du dich einschätzt. Welche Eigenschaften hast du? Wie fühlst du dich, wenn du mit deinen Freunden zusammen bist?

Schreib-Aufgabe

Nun versetze dich in eine deiner Freundinnen bzw. einen deiner Freunde hinein. Wie mag sie oder er über dich denken? Schreibe in der Ich-Form (als Freundin/Freund).

Brief an einen Außerirdischen

Impuls

Stelle dir einmal vor, du hast eine Freundin oder einen Freund auf einem anderen Planeten. Dort gibt es keine Schule. Doch die oder der Außerirdische ist ganz neugierig darauf, was Schule ist. Vor allem will sie bzw. er wissen, was dir an der Schule gefällt und was dir nicht gefällt. Und neugierig ist dein außerirdischer Freund auch darauf, wie du den ganz normalen Schulalltag erlebst.

Denk-Aufgabe

Schreibe links in die Felder, was dir an der Schule gefällt, und rechts in die Felder, was dir nicht gefällt.

Was mir gefällt	Was mir nicht gefällt

Schreib-Aufgabe

Nun schreibe einen Brief an deine Freundin oder deinen Freund auf dem anderen Planeten.

Hallo

Viele Grüße aus der Schule,

Jeden Tag Schule

Impuls

Du gehst jeden Tag in die Schule. Dort erlebst du ständig etwas Neues, mit deinen Freundinnen und Freunden und im Unterricht. Vieles wiederholt sich jedoch immer wieder. Aus diesem Zustand kann man einen literarischen Text machen. Dadurch, dass Worte immer wiederholt werden, bekommt ein solcher Text einen ganz besonderen Rhythmus.

Schreib-Aufgabe

Ergänze die Anfänge jeweils zu unterschiedlichen Sätzen oder Teilsätzen.

Ein Beispiel:

Die Pause sehne ich herbei.
Die Pause ist zu schnell vorbei.
Die Pause ist oft Zankerei.
Die Pause ist besser als Plackerei.
Die Pause ist zu kurz.
Immer Pause zu haben, wäre langweilig.

Du kannst – wie hier – versuchen, Reime zu finden. Das muss aber nicht sein. Es kann auch reizvoll sein, wenn der letzte Satz das Schema durchbricht. Aber das ist ebenfalls nicht Pflicht.

Schule ______________________________

Schule ______________________________

Schule ______________________________

Schule ______________________________

Schule ______________________________

Schule ______________________________

Schule ______________________________

Schule ______________________________

____

Die Woche

Impuls

Die Woche hat sieben Tage. Von Montag bis Freitag gehst du in die Schule, dann kommt das Wochenende. Jeder Tag fühlt sich anders an. Ein Montag, direkt nach dem Wochenende, ist ein völlig anderer Tag als ein Freitag, an dem das Wochenende vor der Tür steht. Außerdem sieht der Stundenplan jeden Tag anders aus: Manchmal wartet dein Lieblingsfach, dann wieder ein Fach, das du nicht so magst. Und wie sieht es mit Samstag und Sonntag aus?

Schreib-Aufgabe

Schreibe zu den Wochentagen jeweils eine Zeile, die den Tag gefühlsmäßig umschreibt. In der Form bist du völlig frei. So entsteht dein ganz persönliches Wochentag-Gedicht.

Montag

____

Dienstag

____

Mittwoch

____

Donnerstag

____

Freitag

____

Samstag

____

Sonntag

____

Wie würdest du eine solche Woche nennen? Gib der Woche einen Namen. Dieser kann dann gleichzeitig die Überschrift deines Wochen-Textes sein.

____

Schul-Märchen

Impuls

Du hast vielleicht früher Märchen gehört. Vielleicht hat sie dir jemand erzählt oder vorgelesen. Hattest du ein Lieblingsmärchen? Erinnerst du dich noch daran? Die Struktur von Märchen ist einfach: Es gibt Gut und Böse, wobei das Gute immer siegt. Eine Heldin oder ein Held muss eine Aufgabe bewältigen, einen Konflikt lösen. Die Handlung spielt in einer fantastischen Welt, in der Gegenstände, Tiere oder andere Wesen sprechen können. Magische Gegenstände oder Tiere können der Heldin oder dem Helden helfen. Zahlen spielen eine besondere Rolle, zum Beispiel die Drei (drei Wünsche oder drei Aufgaben) und die Sieben (die sieben Zwerge). Der Rahmen der Geschichte ist vorgegeben: Ein Märchen beginnt mit „Es war einmal ..." und endet mit „Und wenn sie nicht gestorben sind, dann leben sie noch heute".

Denk-Aufgabe

Sammele alleine oder in der Gruppe Märchenfiguren – solche, die es schon gibt, und solche, die es geben könnte. Dann suche dir eine Märchenfigur aus, die du sein könntest. Du bist Heldin oder Held deines ganz persönlichen Märchens. Wenn du eine Figur gefunden hast, dann fülle den Steckbrief aus:

Mein Name	
Meine Eigenschaften	
Mein Konflikt	
Mein Gegenspieler	

Kreativ-Aufgabe

Auch ein Schul-Märchen muss natürlich nicht in der Schule spielen. Märchen finden schließlich immer an fantasievollen, magischen Orten statt: beispielsweise im Schloss, im Märchenwald, im Knusperhäuschen, auf Reisen ... Versuche, einen solchen Ort zu kreieren, der die Schule symbolisch darstellt. Notiere dafür zunächst einmal Eigenschaften, die du mit deiner Schule, dem Gebäude, den Räumen und dem Pausenhof verbindest:

____

____

____

____

____

____

Nun lasse die Eigenschaften auf dich wirken. Welcher magische Ort könnte solche Eigenschaften ebenfalls besitzen? Wo könnte dein Märchen spielen?

Der Ort meines Schul-Märchens: ________________________

____

Jetzt hast du eine Hauptfigur für dein Märchen (das bist du) und du hast den Ort. Im Steckbrief hast du dir schon Gedanken über den Konflikt deiner Figur gemacht, also über die Aufgabe, die sie bewältigen muss. Doch ein Gegenspieler stellt sich ihr in den Weg. Mache dir Gedanken, wie das geschieht, indem du die folgenden Sätze ergänzt:

Meine Heldin/Mein Held will ________________________,

aber ____________________________________

____

Meine Heldin/Mein Held will ________________________,

aber ____________________________________

____

Meine Heldin/Mein Held will ________________________,

aber ____________________________________

____

Der rote Faden

Eine Geschichte hat einen roten Faden, an dem sich die Ereignisse „aufhängen“. Beschrifte den Faden mit den Ereignissen – also mit der Handlungsabfolge – deines Märchens. Überlege, was erst passiert, was danach folgt und so weiter:

Schreib-Aufgabe

Und nun schreibe dein Märchen!

Es war einmal ______________________________

Und wenn sie nicht gestorben sind, dann leben sie noch heute.

Was ich will

Impuls

Vielleicht kennst du den Spruch noch: „Kinder, die was wollen, kriegen was auf die Bollen." Ein dummer Spruch – denn eigentlich ist es wichtig, etwas zu wollen. Denn nur, wenn man weiß, wohin man will (oder feiner ausgedrückt: möchte), dann kann man auch die Route planen.

Kreativ-Aufgabe

Jetzt ist es nicht nur erlaubt, etwas zu wollen, sondern ausdrücklich erwünscht. Stelle dir die Zeit nach deinem Schulabschluss vor und erstelle eine Wörter-Sonne.

„Was ich will"

Markiere jene Begriffe in der Wörter-Sonne, die dir am wichtigsten sind. Nimm einen solchen Begriff und mache dazu fünf Minuten automatisches Schreiben auf einem gesonderten Blatt Papier.

Schreib-Aufgabe

Schaue dir die Ergebnisse aus dem automatischen Schreiben an. Gibt es Ideen, die dich ansprechen? Schreibe einen kurzen Text zu dem Thema „Was ich will".

Ich will ______________________________

Manchmal ist es gar nicht so einfach zu entdecken, was man will. Leichter ist es oft aufzuschreiben, was man nicht möchte. Schreibe auch zu dem Thema „Was ich nicht will" einen kurzen Text.

Ich will nicht ______________________________

Und nun versuche, das Wichtigste aus beiden Texten herauszufiltern und in einem weiteren Text zu verweben.

Was ich kann

Impuls

Oft denken wir mehr an das, was wir nicht so gut können, als an das, was uns gut gelingt und worauf wir stolz sein sollten. Misserfolge brennen sich eher ein als Erfolge. Das wollen wir nun ändern.

Denk-Aufgabe

Überlege dir zehn Sachen, die du besonders gut kannst. Schreibe sie in die Luftballons.

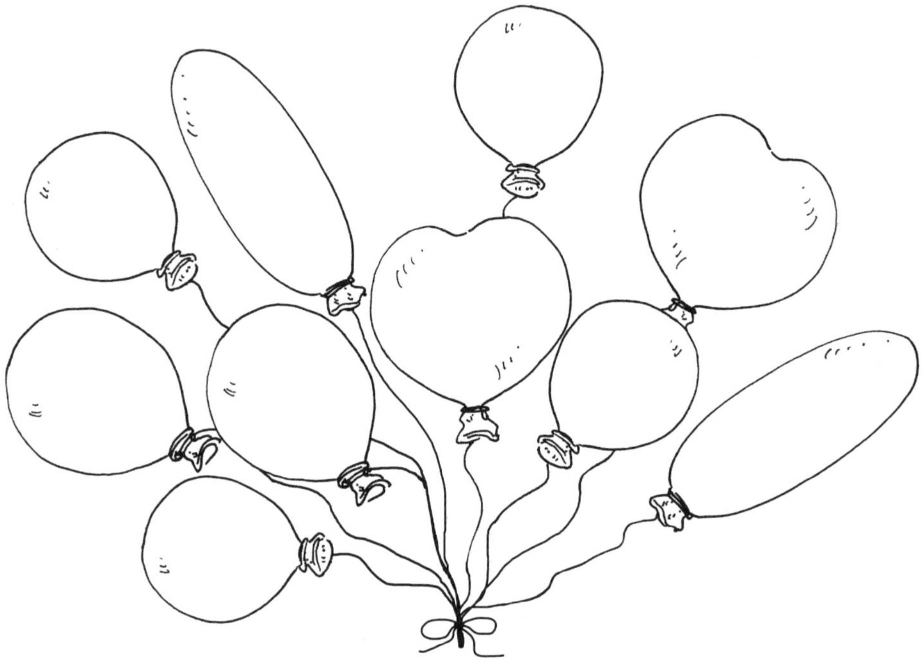

Schreib-Aufgabe

Und nun stelle dir vor, dass deine zehn Ballons in den Himmel steigen. Schaue ihnen nach und schreibe deine Gedanken auf.

Gute Fee

Impuls

Es gibt sie nicht, die gute Fee, die mal eben alle Wünsche erfüllt. Doch man kann sie sich zumindest herbeiträumen.

Denk-Aufgabe

Stelle dir vor, eine Fee käme vorbei und du hättest drei Wünsche für die Zukunft frei. Welche drei Wünsche würdest du dir gerne erfüllen lassen?

Wunsch 1: ______________________________

____

Wunsch 2: ______________________________

____

Wunsch 3: ______________________________

____

Schreib-Aufgabe

Suche dir den Wunsch heraus, der dir am allerwichtigsten ist. Nun stelle dir vor, dass der Wunsch wahr geworden ist. Wie sieht dein Leben nun aus? Schreibe einen Text dazu.

____

____

____

____

____

____

____

____

____

____

____

____

____

Wunschberuf

Impuls

Kleine Kinder haben zumeist ähnliche Berufswünsche: Sie wollen Reitlehrerin werden oder Ärztin, Polizist oder Zoodirektor. Später ist es oft nicht mehr so einfach, einen Berufswunsch zu entwickeln. Doch auf dem Papier sind wir frei – da können wir sogar Wunschberufe erfinden.

Schreib-Aufgabe

Erfinde deinen absoluten Traumjob. Einen Beruf, der all das vereint, was du gerne machst. Der dort ist, wo du gerne bist. Bei dem du das machen darfst, was du gut kannst. Was könnte das sein? Wie heißt dieser neue Beruf? Versetze dich in die Rolle eines Arbeitsberaters, der den neuen Beruf bekannt machen möchte. Wie würde er deinen Traumjob beschreiben?

„Heute stelle ich euch einen neuen Beruf vor, er heißt: ______________________

Ich hoffe, ich konnte euch neugierig machen auf diesen wunderbaren Beruf!“

Alles ist möglich

Impuls

Noch nie war die Welt so bunt wie heute. Es gibt kaum einen Lebensentwurf, der nicht möglich ist. Alleine leben, zu zweit leben, eine Familie gründen. Leben auf dem Land, in der Großstadt oder im Ausland ... Eine Ausbildung machen oder studieren – man kann unter unzähligen Ausbildungs- und Studiengängen wählen.

Schreib-Aufgabe

Du bist Werbetexter. Du machst Werbung für all die Wege, die junge Menschen heute gehen können. Erfinde Slogans, also Werbebotschaften, wie zum Beispiel: „Arbeite ein Jahr in Amerika – dann lernst du Englisch und kannst in internationalen Unternehmen arbeiten.“ Oder: „Ziehe aufs Land – dort kannst du dein Gemüse wieder selbst anbauen und bist der Natur nah!“

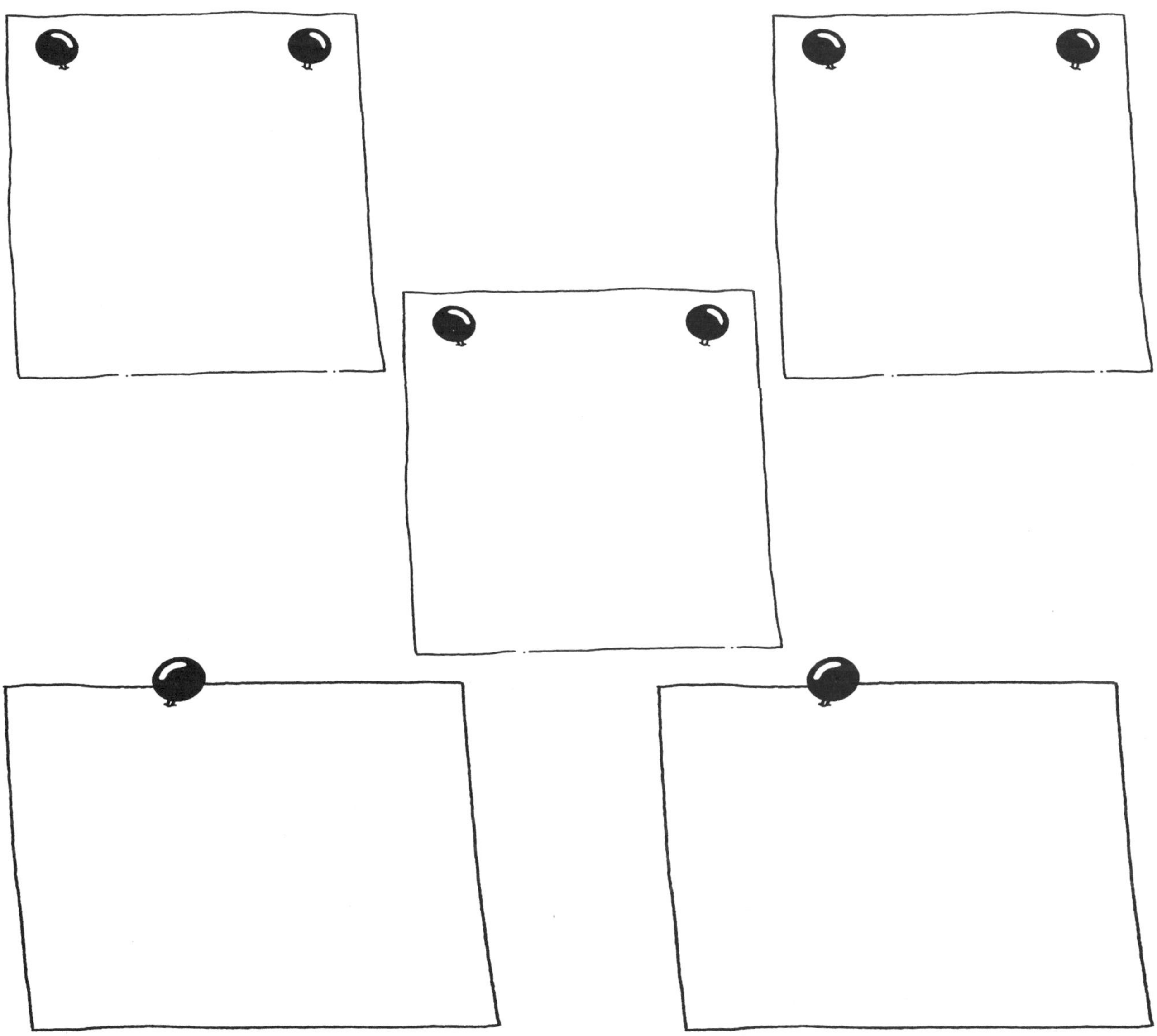

Was wäre, wenn ...

Impuls

Es gibt zig verschiedene Arten zu leben und glücklich zu werden. Die einen träumen von Familie, die anderen wollen einmal um die ganze Welt reisen. Die einen möchten in ihrer Heimatstadt leben, die anderen wünschen sich weit weg. Man kann auf dem Dorf leben oder in der Stadt. Man kann sein Leben der Karriere verschreiben oder nicht.

Schreib-Aufgabe

Überlege dir verschiedene Zukunftsszenarien für dein Leben. Bearbeite jedes Szenario zweimal: einmal, indem du ergänzt „Was wäre, wenn ...", und dann, indem du diese Vision umkehrst: „Was wäre, wenn nicht ..."
Ein Beispiel:
Was wäre, wenn ich viele Kinder hätte? Dann bliebe ich selbst ganz schön auf der Strecke.
Was wäre, wenn ich keine Kinder hätte? Dann wäre mir vielleicht langweilig.

Rolle meines Lebens

Impuls

Auf der Bühne ist alles möglich: Jeder kann sich verkleiden und in verschiedene Rollen schlüpfen. Welche Rolle hättest du gerne in zehn Jahren?

Denk-Aufgabe

Die Rolle deines Lebens: Notiere, welches Kostüm du trägst und welche Utensilien du brauchst. Wie siehst du auf der Bühne aus?

___

___

___

Schreib-Aufgabe

Nun betrittst du, wie du heute bist, und du in der Rolle deines Lebens die Bühne. Ihr trefft aufeinander. Entwickle einen Dialog zwischen den beiden „Ichs".

Heute-Ich: ___

___

Bühnen-Ich: ___

___

Heute-Ich: ___

___

Bühnen-Ich: ___

___

Heute-Ich: ___

___

Bühnen-Ich: ___

___

Heute-Ich: ___

___

Bühnen-Ich: ___

___

Science-Fiction

Impuls

Der Begriff Science-Fiction kommt ursprünglich aus dem Englischen und bedeutet übersetzt „Wissenschaftsfiktion“. Darunter versteht man demnach Geschichten, die etwas mit Wissenschaft im weitesten Sinne zu tun haben – meistens in Verbindung mit technischem Fortschritt und neuen Entdeckungen. Science-Fiction sind in der Regel Zukunftsgeschichten. Auch utopische Geschichten sind Zukunftsgeschichten – sie setzen sich aber eher mit der Gesellschaft der Zukunft auseinander. Viele Science-Fictions haben fantastische Elemente: Wesen aus anderen Welten dringen in unsere Welt ein. Traumwelten werden Wirklichkeit. Zukunftsängste und Zukunftshoffnungen finden in solchen Geschichten ihren Platz.

Denk-Aufgabe

Überlege dir eine menschliche Figur, die dir ähnlich ist. Es kann ein Kind sein, ein Jugendlicher, ein Erwachsener, ruhig auch ein älterer Mensch. Gib der Figur einen Namen. Lass sich die Figur kurz vorstellen.

Guten Tag, ich bin ...

Wir schreiben das Jahr 2100. Wie hat sich die Welt verändert? Womit bewegen sich die Menschen fort? Wie unterhalten sie sich? Womit verdienen sie ihr Geld? Wie wohnen sie? Wie sehen ihre Schulen aus? Was kennen sie, was wir noch nicht kennen?

Schreib-Aufgabe

Greife dir einen Aspekt des Lebens im Jahr 2100 heraus. Dieser Aspekt ist das Thema deiner Science-Fiction-Geschichte, die deine Hauptfigur erlebt. Das Ende deiner Geschichte kann positiv oder negativ sein. Schreibe in der dritten Person.

Im Jahr 2100

Hintergrund: Redigieren und korrigieren?

Dürfen autobiografische Texte überhaupt überarbeitet oder gar korrigiert werden? Viele Lehrende des kreativen Schreibens sind der Meinung, dass die Textredaktion mit einem anschließenden Korrekturgang einen wichtigen Effekt zunichte macht: nämlich den, unblockiert und frei zu schreiben, jenseits von Regeln, wie es sie beispielsweise beim Aufsatzunterricht gibt. Auf der anderen Seite kann eine Überarbeitung durchaus Spaß bereiten und auch stolz machen. Wenn eine Schülerin oder ein Schüler sieht, wie sich ihre oder seine erste Idee Schritt für Schritt zu einem literarischen Werk entwickelt hat, kann das beflügeln.

Was hilft, den kreativen Effekt nicht zu zerstören:

- Die Schülerinnen und Schüler werden nicht direkt bei ihren ersten Schreibversuchen mit einer anschließenden Überarbeitung konfrontiert.
- Die Schülerin oder der Schüler wählt selbst aus, an welchen Texten sie oder er weiterarbeiten möchte.
- Ebenso dürfen die Schülerinnen und Schüler entscheiden, wann sie ihre Texte überarbeiten möchten – es muss nicht zwingend direkt nach dem Schreiben sein.

Eine Idee: Im Anschluss an eine Unterrichtseinheit oder ein Projekt zum autobiografischen Schreiben folgt eine „Redigierwerkstatt". Wie in einer Zeitungsredaktion oder in einem Buchlektorat werden die Texte noch einmal bearbeitet. Somit erhält die Redaktion wiederum einen spielerischen Charakter.

Ein Anreiz kann es sein, dass man eine Sammlung von Texten plant. So könnte man zum Beispiel ein Heft mit Texten veröffentlichen oder eine Ausstellung mit Texten vorbereiten. Oder eine Lesung. Das schafft eine zusätzliche Motivation, an den Texten noch einmal zu feilen und sie lese- oder druckreif zu machen.

Hintergrund: Feedback geben

Da beim autobiografischen Schreiben zum Teil Texte entstehen, die mancher Schülerin oder manchem Schüler sehr nahegehen, sollte ein „Nein“ zum Vorlesen vor der Klasse immer akzeptiert werden.

Für das Vorlesen selbst sollte es Regeln geben:

- Wer vorliest, wird nicht unterbrochen.
- Nach dem Vorlesen dürfen die Zuhörerinnen und Zuhörer Feedback geben.
- Es wird nicht bewertet – es gibt kein „richtig“ oder „falsch“, „gut“ oder „schlecht“.
- Zunächst sagen die Zuhörerinnen und Zuhörer, was bei ihnen angekommen ist, also was der Text ausgelöst hat.
- Dann dürfen sie sagen, was ihnen gut gefallen hat.
- Zum Schluss dürfen sie Fragen an den Text stellen; sie dürfen sagen, was ihnen unklar geblieben ist.
- Die Autorin oder der Autor erklärt nichts und rechtfertigt sich nicht für das, was sie oder er geschrieben hat. Die Fragen und Anmerkungen können aber eine Anregung sein, hier und dort vielleicht noch einmal nachzubessern.

Um das Feedback noch mehr zu strukturieren, können auch im Vorfeld „Höraufgaben“ verteilt werden. Einige Schülerinnen und Schüler bekommen Fragen zugeteilt (zum Beispiel „Was macht den Text interessant?“, „Welche Wörter haben sich besonders eingeprägt?“ u. Ä.). Die Fragen beantworten sie nach dem Vorlesen.

Ein Trick, die mögliche Angst vor der Präsentation der Schreibergebnisse zu nehmen, ist es, dass man Text und Autorin bzw. Autor entkoppelt. Dazu sammelt man alle Texte ein und kopiert sie. Die Schülerinnen und Schüler ziehen dann jeweils einen kopierten Text, der nicht ihr eigener ist. Diesen lesen sie vor. Textfeedback kann natürlich auch in kleineren Gruppen erfolgen; auch das baut Hemmungen ab.

Autobiografisches Schreiben ist in jeder Hinsicht eine Bereicherung für Schülerinnen und Schüler – und zwar nicht nur im Hinblick auf die schreiberischen Fähigkeiten, sondern auch auf die Entwicklung der Persönlichkeit.